RÉPUBLIQUE FRANÇAISE

LIBERTÉ — ÉGALITÉ — FRATERNITÉ

VILLE DE NANTERRE

COMPTE RENDU MORAL & FINANCIER

Gestion Municipale 1908-1912

NANTERRE
IMPRIMERIE EDMOND HUBY
36, RUE DE SAINT-GERMAIN, 36

1912

Compte-Rendu Moral et Financier

Gestion Municipale 1908-1912

Le Conseil Municipal composé de MM. Chardon, Hannière, Poignant, Hébert, Breton, Gautier, Cayron, Durand, Fosse, Couquiaud, Rondest, Leboucher, André, Doublet, Descartes, Danton, Picard, Roy, Guillemet, Dannoux, Sautereau, Ferrand, Légeron, Moussard, Wiriath, Bernard et Vanier, a été élu, dans cet ordre, au scrutin du 10 mai 1908.

La Municipalité, constituée le 16 mai 1908, était composée de MM. Chardon, Maire, Durand et Poignant, Adjoints.

En raison de son mauvais état de santé, M. Poignant se démettait de ses fonctions d'adjoint au Maire le 14 janvier 1909 et était remplacé le 28 du même mois par M. Descartes.

Le nombre des membres en exercice est aujourd'hui de 22, par suite de la démission de MM. Wiriath et Bernard, et du décès de MM. Poignant, Picard et Légeron.

Dans sa réunion du 29 mai 1908, le Conseil Municipal, afin de faciliter l'étude de toutes les questions rentrant dans ses attributions, procédait à la constitution des Commissions Municipales dont la désignation suit :

Commission des Finances;
— des Bâtiments Communaux;
— de Voirie;
— des Eaux et de l'Eclairage;
— du Contentieux;
— des Fêtes;
— d'Hygiène;
— des Affaires Militaires;
— du legs Lemaitre et de la Rosière;
— Scolaire.

Toutes les affaires étaient, en principe, soumises aux Commissions desquelles elles relevaient, puis examinées en Commission plénière (composée de tous les membres du Conseil Municipal) et enfin soumises au Conseil en séance publique.

Le nombre des réunions de Commissions s'élève au 5 avril 1912 à 186.

Celui des réunions de Commission plénière à 32 et le nombre des séances du Conseil Municipal est de 38, soit un total de 256 réunions.

DÉCISIONS — DÉLIBÉRATIONS

VOIRIE

Acquisitions de terrains pour alignements de voies publiques.

Les acquisitions de terrains ou rescindements d'immeubles pour l'alignement des voies publiques, représentent une surface de 5.401 mètres carrés 04, pour une somme totale de 29.961 fr. 87.

Ces acquisitions ou rescindements ont été réalisés pour les voies ci-après :

Rue de la Croix, rue Saint-Maurice, rue Castel-Marly, rue de l'Eglise, rue de la Mairie, rue des Venets, rue Marcellin-Berthelot, rue Paul-Bert, rue des Goulvents, rue du Gymnase, rue Michelet, rue de Montesson, rue de Carrières-Saint-Denis, avenue Jules-Quentin, rue de Bezons, rue Faidherbe, rue Becquet, boulevard du Couchant, rue des Rosiers, rue des Fontaines, rue des Bouvets, rue du Chemin-Vert, rue de la Garenne, rue de Suresnes, rue Pierre-Curie, rue des Marguerites, chemin latéral au Chemin de fer de Rouen.

Plans d'alignement et de nivellement

Les plans d'alignement des voies ci-après ont été dressés :

Rue du Chemin-Vert, rue des Bouvets, rue des Fontaines, rue des Hautes Fontenelles, rue des Bergers, rue Ch.-Lorilleux, rue de Saint-Cloud, rue de la Garenne, rue de Valenciennes, rue des Basses-Groues, rue des Alouettes (prolongement), rue des Luaps, rue de la Forteresse, rue des Corbons, rue des Louvetiers, rue de la Source, rue Philippe-Triaire, rue des Ecoles, rue de Belfort, rue de Châteaudun, rue du Plateau, rue de Dunkerque, rue Pierre-Curie, rue des Moëllonniers, rue Pascal prolongée, rue de Colombes prolongée, rue des Pâquerettes, rue de Sartrouville, rue des Pavillons, chemin du passage à niveau (1re partie), chemin du passage à niveau (2e partie), chemin latéral au Chemin de fer de Rouen (1re partie), chemin latéral au Chemin de fer de Rouen (2e partie), petit chemin des Amandiers, chemin de la Chambre aux Charretiers, rue des Marguerites, rue des Bels-Ebats, rue de la Folie, rue des Vieux-Villerets, rue des Bizis, petite rue des Bizis.

20 plans de nivellement ont été dressés.

ASSAINISSEMENT

Etablissement de canalisations

Rue de l'Eglise (à la charge de la Commune);

Rue Chanzy (participation communale);

Rue de la Mairie (participation communale);

Boulevard Thiers (à la charge d'un industriel);

Passage du Sanglier (à la charge d'un riverain).

Le 1er août 1911, le Conseil a voté une somme de 24.000 francs à titre de participation communale dans les travaux de couverture de la rigole de l'avenue Jules-Quentin, évalués à 120.000 francs, à exécuter par le Département.

Ce n'est qu'à la suite d'une longue discussion que le Département a été amené à reconnaître que le travail devait être supporté par lui, pour la plus grande partie, alors qu'il prétendait, au contraire, que la dépense devait être faite par la Commune.

Le 24 octobre 1911, le Conseil Municipal a émis un avis favorable de principe au projet d'assainissement général de la Seine et de la Marne, mais, considérant que ce projet a un caractère départemental, a refusé le principe de la participation communale.

Voies Nouvelles

(Séances des 31 mars 1911 et 30 mai 1911). — Ouverture d'une rue entre les rues des Rosiers et des Fontenelles.

(Séance du 27 février 1911). — Débouché sur la route de Paris, de la rue Pierre-Curie.

(Séance du 25 juin 1909). — Rachat du chemin des Moëllonniers.

Avis favorable sur le projet de prolongement de l'avenue de la Grande-Armée.

Ce dernier projet vient d'être approuvé par le Conseil d'Etat; il a fait l'objet d'un projet de loi actuellement déposé sur le bureau de la Chambre des Députés.

Viabilité

Mise en viabilité complète :

Rue des Venets (pavage en granit); rue de l'Eglise (pavage en granit); rue de Colombes (macadam, bordures et caniveaux); boulevard Thiers (sur 850 mètres en cours d'exécution) pavage en granit).

Amélioration de viabilité

Avenue Jules Quentin, rue Thomas-Lemaître, rue Chanzy, rue Marcellin-Berthelot, rue des Rosiers, rue des Bouvets.

Construction de trottoirs

Place du Martray, rue de l'Eglise, rue Saint-Germain, rue du Chemin-de-Fer, boulevard de la Seine, rue Sainte-Geneviève.

Séance du 26 février 1909. Demande de réfection du pavage de la rue Saint-Germain. (Satisfaction donnée.)

Séance du 28 novembre 1911. — Demande de réfection du pavage du boulevard du Havre (les travaux paraissent devoir être entrepris prochainement.)

Des travaux importants de viabilité ont été effectués sur la route nationale n° 13, routes de Paris et de Cherbourg (à la charge de l'Etat).

La viabilité du prolongement du boulevard du Nord a été terminée et d'importantes réfections de pavage vont être entreprises, avenue de la République (à la charge du Département).

M. le Maire de Puteaux avait demandé la participation financière de la Commune de Nanterre dans les travaux de viabilité et d'assainissement qu'il se propose d'effectuer rue de Courbevoie, aux abords du nouveau cimetière de Puteaux. Par délibération du 24 octobre 1911, le Conseil a rejeté cette demande, et laissé les travaux à la charge de la Ville de Puteaux qui va les entreprendre incessamment.

Le projet de viabilité complète du boulevard du Nord (entre la place Saint-Denis et la rue du Chemin-de-Fer) est établi et a été approuvé par le Conseil Municipal qui a constitué les ressources nécessaires à ce travail devant s'élever à 27.000 francs. (9 février 1912.)

Redevances

Séance du 17 janvier 1911. — Fixation à 3.000 francs d'une nouvelle redevance à la Société Bérault, Subileau, Bouvret, et Cie, pour occcupation ou déviation provisoire de Chemins ruraux aux abords de la Sablière.

2 7 février 1911. — Fixation à 1 franc par mètre de canalisation double pour l'occupation du sous-sol de deux Chemins publics par MM. Desmarais Frères, et la Société « Lille Bonnières et Colombes » (la recette s'élève à 2.745 francs).

Cessions de Biens Communaux

L'Administration des Chemins de Fer de l'Etat a demandé l'acquisition d'un terrain communal, situé route de Chatou, pour l'établissement d'un chemin d'accès à la nouvelle gare de marchandises de Rueil.

La surface à céder est d'environ 2.000 mètres, et le prix de 8 francs par mètre fixé par le Conseil Municipal a été accepté par l'Administration des Chemins de Fer de l'Etat.

Etablissements classés

Séance du 22 octobre 1909. — Protestation contre le projet d'installation d'une usine, pour la distillation des matières de vidanges.

Séance du 15 avril 1910. — Protestation contre tout projet d'agrandissement de la fabrique de colle.

Séance du 23 juin 1911. — Protestation contre un projet de dépôt de boues et d'immondices.

Satisfaction entière a été obtenue et les demandes formées ont été repoussées par l'Administration préfectorale.

Justice de Paix

Afin d'éviter aux habitants, les inconvénients qui résultaient pour eux des déplacements à Puteaux, le Conseil a, le 28 janvier 1909, décidé la création, à Nanterre, d'audiences foraines de la Justice de Paix.

Cette nouvelle organisation comprend les audiences de compétence, la conciliation, les Conseils de famille, les actes de notoriété, en un mot tout ce qui concerne le service de la Justice de Paix.

Une salle spéciale a été aménagée.

La dépense annuelle est de 1.500 francs, entièrement supportée par la Commune.

Police

En 1908, le service de Police comprenait, en dehors de deux appariteurs et d'un garde-champêtre ,un sous-brigadier de police et six agents.

Cinq nouveaux agents sont venus renforcer l'ancien service, permettant ainsi l'organisation de tournées de nuit plus nombreuses.

Afin de faciliter la surveillance de la permanence de nuit, le sous-brigadier a été logé au-dessus du poste de police.

Le Secrétaire du Commissariat vient chaque semaine, le jeudi, recevoir les plaintes ou réclamations des habitants.

Cimetières

Séance du 28 janvier 1909. — Protestation contre l'établissement du Cimetière de Puteaux.

Séance du 30 mai 1909. — Protestation contre l'agrandissement du Cimetière de Neuilly.

Séance du 30 septembre 1911. — Protestation contre l'établissement du Cimetière de la Garenne-Colombes.

Le Conseil d'Etat, passant outre à ces protestations, a accordé les autorisations sollicitées en y apportant différentes modifications.

Service d'Incendie

Le 28 mai 1909, le Conseil Municipal a voté le renouvellement intégral de l'habillement des Sapeurs-Pompiers.

L'Administration Municipale a réorganisé la subdivision des

Sapeurs-Pompiers, en plaçant à sa tête un homme qui, en raison de l'expérience acquise comme ex-adjudant chef de poste au régiment de pompiers de Paris, était en mesure de développer l'instruction des hommes de devoir qui mettent leur dévouement à la disposition de leurs concitoyens.

Dans une collaboration commune, la Caisse de famille, le lieutenant commandant et la Municipalité poursuivent l'amélioration de la retraite des Sapeurs-Pompiers et la création d'avantages de mutualité que rendra possible l'adhésion d'un grand nombre de membres honoraires sollicités par le nouveau lieutenant, d'apporter leur concours à la Caisse de famille.

A l'occasion de cette réorganisation de la Subdivision, le Conseil Municipal a doté chaque Sapeur d'un veston de peau du modèle en usage au régiment des pompiers de Paris.

L'effectif était, avant la réorganisation, de 21 hommes; il est aujourd'hui de 35 et comprend une section spéciale pour le quartier du Plateau.

Le matériel a été augmenté par l'acquisition d'une lampe électrique de sûreté, d'une échelle à coulisse, de tuyaux de toile, etc.

Quatre nouvelles bouches d'incendie de 100 mm. de section ont été installées : Route de Charles-X, place de la Boule, place du Martray et rue du Chemin-de-Fer (angle boulevard du Nord).

Le Conseil Municipal a, le 9 février 1912, décidé l'établissement de deux balcons de manœuvres à la tour de séchage de la remise des Pompes.

Une subvention départementale et une subvention de l'Etat viennent d'être obtenues pour l'amélioration du matériel.

Enseignement

Le nombre des élèves des Ecoles Communales était, en 1908 d'environ 1.600, il est aujourd'hui de 2.050.

Cette augmentation a nécessité, en moins de 4 ans, l'ouverture de 10 classes nouvelles.

La création d'un laboratoire de physique et de chimie a été décidée à l'Ecole des Garçons du Centre. Cette installation, dotée d'un matériel important, a déjà donné d'excellents résultats.

La Commune a fait face aux frais d'études de 26 élèves admis aux écoles supérieures ou professionnelles de la Ville de Paris et de 31 élèves admis aux cours complémentaires de Courbevoie et de Puteaux.

La situation du personnel enseignant a été améliorée : six augmentations de l'indemnité de résidence ont été accordées aux maîtres ou maîtresses ayant le plus de services dans la

Commune et n'ayant pas encore bénéficié de cette augmentation, le Directeur de l'Ecole du Plateau a été déchargé de classe, l'importance de l'effectif de cette école et la nécessité de faciliter les rapports avec les familles laborieuses du quartier, justifient cette mesure.

Le Conseil a :

Le 29 mai 1908, émis le vœu que les mutations dans le personnel enseignant n'aient lieu qu'au début de l'année scolaire.

(Le Conseil d'Arrondissement dans sa dernière session a émis un vœu analogue.)

Le 26 février 1909, émis le vœu de la création, à Asnières, d'une école pratique de commerce et d'industrie.

Enfin, le projet d'agrandissement du Groupe Scolaire du Plateau *est définitivement approuvé* et a reçu la ratification de M. le Ministre de l'Instruction Publique.

Les prévisions de dépenses s'élèvent à 101.510 fr. 73. La Commune a obtenu des subventions pour une somme totale de 51.145 francs; la somme restant à la charge de la Commune, 50.365 fr. 73 a été imputée sur l'emprunt de 95.000 francs aujourd'hui réalisé.

Les ressources sont constituées et les travaux, qui viennent d'être adjugés, sont prêts à être entrepris.

Ils seront effectués pendant les prochaines vacances scolaires.

Personnel Communal

Dans sa séance du 30 mars 1909, le Conseil Municipal a voté l'extension du contrat d'assurances (accidents du travail), à tout le personnel communal encourant des risques professionnels.

La situation du personnel a été améliorée; les petits salaires ont été augmentés dans des proportions variant entre 10 % et 20 %.

Le service des retraites ouvrières a été créé sans dépense appréciable pour la Commune.

Le service des pompes funèbres a été amélioré sans surcharge pour les familles.

Une partie du projet de réorganisation des services administratifs a été réalisée par la création d'un bureau spécial pour la réception des déclarations d'état civil.

Par une nouvelle répartition intérieure des attributions techniques, le service du bureau de la Voirie est en état de pouvoir assurer la marche normale des affaires et est en situation d'assurer le service d'hygiène imposé à toutes les villes ayant une population supérieure à 20.000 habitants.

La création d'une caisse de retraites pour le personnel et d'un bureau municipal de placement gratuit est à l'étude.

Bienfaisance

23 enfants indigents ont été admis, sur la demande du Conseil Municipal, dans les sanatoria de Berck, Hendaye, ou Forges-les-Eaux.

91 vieillards, infirmes ou incurables, ont été admis au bénéfice de l'assistance obligatoire.

Des secours de maladie ont été accordés à des pères de famille.

Les subventions à la Caisse des Ecoles et au Bureau de Bienfaisance ont été augmentées, proportionnellement à leurs charges.

71 avis favorables ont été donnés à des demandes d'allocations journalières formées en faveur des familles nécessiteuses de jeunes soldats.

Le Conseil a :

Le 29 mai 1908, émis le vœu que l'allocation journalière soit accordée aux femmes et ascendants des jeunes soldats dont la situation aura été reconnue nécessiteuse.

Le 28 novembre 1911, émis le vœu que l'exonération de tous droits soit accordée à toutes donations ou actes quelconques faits ou reçus pour le compte d'établissements d'utilité publique ou de bienfaisance.

Le 1er août 1911, voté le maintien à 20 francs (taux moyen du Département de la Seine), du taux d'assistance obligatoire pour les vieillards, les infirmes et les incurables.

Inondations de Janvier-Février 1910

La crue exceptionnelle de la Seine qui a eu pour effet l'envahissement, par les eaux, d'une superficie d'environ 225 hectares, mettant plus de 1.200 habitants dans l'obligation de chercher un refuge, a créé d'impérieux devoirs à la Municipalité, vis-à-vis de la population sinistrée.

La période très critique a commencé le 20 janvier 1910 et a duré plusieurs semaines. Les mesures suivantes ont été prises au fur et à mesure des événements.

Organisation d'une surveillance de jour et de nuit destinée à prévenir les habitants au moment du danger.

Organisation à la Mairie d'un service permanent de jour et de nuit destiné à l'exécution de toutes les mesures provoquées par le Service de Surveillance.

Réquisition de chevaux et voitures pour le transport des mobiliers.

Réquisition de maisons et appartements, pour le logement des sinistrés.

Organisation de quêtes à domicile, d'un service de secours en nature, aliments, chauffage, éclairage, vêtements, service fonctionnant matin et soir assuré par des membres du Conseil Municipal, et des Administrateurs du Bureau de Bienfaisance.

Constitution d'une Commission, composée de Conseillers Municipaux et de citoyens pour la classification des sinistrés et la répartition des secours.

Constitution d'une commission de versement des secours.

Organisation d'équipes de surveillance des lieux sinistrés et d'équipes de désinfection, chargées de l'assainissement de tous les immeubles ayant été envahis par les eaux.

Toutes ces opérations ont été effectuées sous le contrôle de l'Administration Municipale assistée de représentants de l'Administration Départementale.

M. le Préfet de la Seine, M. le Directeur des Affaires Départementales et différents chefs de service de la Préfecture ont visité la Commune et ont apprécié, avec satisfaction, toutes les mesures prises.

Le montant des sommes encaissées s'est élevé à 91.128 fr. 25, dont :

Souscription Communale	Fr.	16.978 25
Secours de l'Etat		30,800 »
Secours du Département		28.350 »
Secours du Syndicat de la Presse		15.000 »

Les sommes versées se sont élevées à 89.747 fr. 70 dont : En secours à 72.181 fr. 62.

En travaux et fournitures relatives au sauvetage à l'assainissement (location d'attelages, paiement du personnel spécial, frais occasionnés par la présence des troupes), et travaux de protection (construction de digues ou levées de terre) à 17.566 fr. 08.

Le reliquat définitif, s'il en existe un sera, après imputation d'un dernier travail résultant des inondations, réparti entre les œuvres de bienfaisance de la Commune. Ce dernier travail consiste à établir une levée de terre destinée à préserver d'une crue moyenne de la Seine, les quartiers bas du Petit-Nanterre.

La question des inondations a préoccupé les Pouvoirs Publics et des projets destinés à préserver Paris et sa banlieue des crues de la Seine ont été dressés, mais dans ces projets, Nanterre avait été oublié.

La Municipalité avait cependant fait procéder à une étude très détaillée des moyens de défense destinés à préserver Nanterre; cette étude a été soumise au Conseil Municipal dans sa séance du 8 juillet 1910 et le Conseil Général a retenu cet avant-projet, en l'incorporant dans l'ensemble des travaux à effectuer par le Département de la Seine.

M. le Conseiller Général a, dans ces circonstances, très vivement défendu les intérêts de la Commune de Nanterre.

SOCIÉTÉS LOCALES ET COMITÉS DES FÊTES

Il a été accordé des subventions aux Sociétés ci-après qui ne bénéficiaient d'aucune allocation ni avantage :

L'Art à l'Eole,
L'Avant-Garde,
Le Club sportif,
La Fraternelle,
Les Sauveteurs-Ambulanciers,
L'Union des Commerçants,
Le Véloce-Club,

La subvention à la Société de Secours-Mutuels a été augmentée et calculée sur la base de 1 franc par membre participant (en dehors de l'allocation pour frais de bureau et du legs Lemaître.)

Une subvention exceptionnelle de 150 francs a été allouée à la Fanfare, pour réparation d'instruments.

L'Union Musicale du Plateau a bénéficié d'une augmentation de subvention.

Une subvention de 2.000 francs a été allouée à l'Union des Commerçants, pour l'organisation d'un Concours de Musique en 1910.

Une subvention de 200 francs a été allouée, chaque année aux Comités chargés de l'organisation des Fêtes d'Automne (Quartier de la Gare et Quartier de la Boule.)

Une subvention de 100 francs a été accordée chaque année, au Comité des Fêtes du Plateau (14 juillet) et pour la Fête Nationale, les Comités de Quartier ont toujours reçu des allocations.

SOUSCRIPTIONS. — HOMMAGES PUBLICS

Séance du 3 novembre 1908. — Souscription au monument Marcellin Berthelot.

Séance du 28 mai 1909. — Souscription au monument Danton et Gambetta.

Séance du 22 octobre 1909. — Sousription au monument du Général Lambert.

Séance du 27 février 1911. — Souscription au monument à la Gloire des Défenseurs de Belfort.

Séance du 24 octobre 1911. — Souscription en faveur des familles des victimes du cuirassé *Liberté*.

Couronnes mortuaires déposées sur la tombe de :

MM. Nezot, ex-adjoint au Maire; Poignant, ex-adjoint au Maire; Legeron, Conseiller municipal; Picard, Conseiller municipal.

Témoignage officiel de condoléances au Gouvernement de la République, à l'occasion de la mort tragique de Maurice Berteaux, Ministre de la Guerre.

Funérailles solennelles au brigadier Pinson, du 16e escadron du Train des Equipages Militaires, tué au Maroc au cours de l'attaque d'un convoi, le 5 mai 1911.

Les noms de Franklin, Berthelot et Pierre-Curie ont été donnés à des voies publiques.

Tramways

1° *Construction*

Dans sa séance du 17 novembre 1908, le Conseil avait émis un avis favorable à la construction d'une nouvelle ligne mettant la gare de Nanterre en communication avec le tramway de Paris à Saint-Germain, et demandé la création de deux nouvelles lignes, l'une passant par l'avenue Félix-Faure, pour relier Nanterre à Puteaux, l'autre empruntant l'avenue de la République pour gagner Colombes.

Par décret du 31 mai 1910, publié au *Journal Officiel* du 1er juin, les travaux de construction du tramway Nanterre-Gare-Porte-Maillot ont été déclarés d'utilité publique.

Par le même décret, la convention passée entre M. le Préfet de la Seine et la Compagnie des Tramways de Paris et du Département de la Seine, pour la rétrocession de cette ligne a été approuvée.

La construction paraît devoir être entreprise très prochainement; en effet, en décembre dernier, l'avis définitif de la Municipalité a été provoqué en ce qui concerne le tracé et les dispositions matérielles d'installation; le Conseil Municipal s'est prononcé définitivement sur le tracé, dans sa séance du 28 décembre 1911.

La Compagnie s'est, en outre, engagée à accepter la rétrocession de la ligne Nanterre-Puteaux, dès que la rectification de la route départementale n° 4 (avenue Félix-Faure), se[ra] exécutée.

Il est indispensable, pour l'établissement de cette lign[e], d'atténuer la rampe du Cimetière de Puteaux; un projet a été dressé par le service des Ponts et Chaussées et l'examen se poursuit normalement. Dans sa séance du 27 février 1911, le Conseil Municipal s'est engagé à participer dans ces travaux, pour une somme de 5.000 francs, dont le versement aurait lieu après la mise en exploitation du tramway projeté.

De plus, dès que ses bénéfices nets auront permis, pendant deux années consécutives, de donner au capital-actions une rémunération au moins égale à 6 0/0 pour les actions non amorties et à 1 % pour les actions de jouissance, et dès que la concession en aura été faite au Département de la Seine, la Compagnie s'engage à exécuter le prolongement de la ligne Porte de Clignancourt-Colombes, jusqu'à la gare de Nanterre, par l'avenue de la République.

2° *Exploitation*

Le Conseil s'est constamment préoccupé de l'amélioration du service du Tramway de Paris à Saint-Germain.

Il a été désigné des délégués à la Commission intercommunale des Tramways; cette commission qui comprend des délégués des villes de Saint-Germain, Nanterre, Rueil, Bougival, Marly-le-Roi et Port-Marly à laquelle se sont joints les Conseillers Généraux et les Députés des régions intéressées, s'est tout d'abord occupée de la question d'électrification, puis de l'amélioration du matériel, de l'augmentation du nombre des trains et tout en poursuivant le but qu'elle s'est ainsi proposé, a ajouté à ses desiderata, la construction d'un abri au terminus de la Porte-Maillot et l'extension du trafic.

Le Conseil a :

Le 25 juin 1909, demandé l'amélioration du service d'exploitation générale du tramway.

Le 27 février 1911, demandé le dépôt, dans les Mairies, du cahier des charges pour l'exploitation des tramways, et ce, afin d'être à même de surveiller l'exécution des clauses qui y sont insérées.

Le 1er août 1911, pris communication d'une délibération du Conseil Général réclamant l'application rigoureuse du cahier des charges.

Le 24 octobre 1911, demandé la construction d'un abri au terminus de la Porte-Maillot, l'augmentation du nombre des trains, et une plus grande régularité dans le service.

MM. Voilin, Député, et Sellier, Conseiller Général, collaborent activement avec la Municipalité dans le but d'obtenir que satisfaction entière soit accordée à ces demandes justifiées.

Chemin de Fer

1° *Electrification*

La Municipalité ayant eu connaissance que les travaux d'électrification projetés par l'Administration des Chemins de fer de l'Etat, sur la ligne de Paris à Saint-Germain, ne comportait pas la suppression des passages à niveau de Nanterre, a aussitôt fait étudier par le service de voirie, un avant-projet de suppression de ces ouvrages, avec démolition de la gare et reconstruction à cheval sur les voies, baissées de telle sorte que les deux quartiers de Nanterre, actuellement séparés par le chemin de fer, seraient réunis par un large pont par-dessus établi à l'emplacement actuel du passage à niveau de la gare.

Le passage à niveau de la rue de Colombes serait également supprimé et un pont le remplacerait, la voie passant, là aussi, en tranchée.

Ce dernier travail faciliterait le projet de prolongement de l'avenue de la Grande-Armée, qui comprenait un remblai considérable devant permettre de traverser les voies sur un pont élevé d'environ 5 mètres.

Ce remblai qui aurait eu le très grave inconvénient de couper cette partie du territoire et de modifier tous les profils des chemins aboutissant à la nouvelle voie, se trouve ainsi supprimé et l'inconvénient disparaît.

Cet avant-projet, approuvé par le Conseil Municipal le 3 juin 1911, a été d'après les renseignements qui nous ont été fournis de différents côtés, adopté dans ses grandes lignes par l'Administration des Chemins de fer de l'Etat, et la suppression des passages à niveau, ainsi demandée par l'Assemblée communale et par le Conseil Général dans sa séance du 1er août 1911, peut donc être considérée comme définitivement incorporée dans le projet d'électrification de la ligne de Paris à Saint-Germain.

Toujours relativement à ce projet, le Conseil Municipal a, le 24 octobre 1911, protesté contre le type des voitures qui seront mises en service lors du nouveau mode de traction, et demandé la suppression des places dites « debout » prévues dans le nouveau système.

Enfin, et pour faciliter l'exécution des importants travaux prévus sur le territoire de Nanterre, le Conseil a, dans sa séance du 24 octobre 1911, autorisé la déviation provisoire de plusieurs chemins ruraux, le remplacement de ces chemins restant à la charge de l'Administration des Chemins de fer de l'Etat qui mettra les nouvelles voies en état de viabilité.

2° *Exploitation*

Dans sa séance du 27 avril 1909, le Conseil a demandé l'arrêt, à Nanterre, de tous les trains, en circulation sur la ligne de Paris-Saint-Germain.

Aussitôt informée de la création d'un terminus à Rueil avec navette devant desservir Nanterre, la Municipalité demanda audience à M. le Directeur des Chemins de fer de l'Etat. Lors de cette entrevue, à laquelle assistaient MM. Voilin, Député, et Sellier, Conseiller Général, des délégués du Conseil Municipal et des représentants de l'Union des Commerçants, M. le Sous-Directeur déclara que les intérêts de Nanterre ne seraient pas méconnus et que notre Ville aurait sa part de l'amélioration du service.

Le Conseil fut mis au courant de l'état de la question le 16 décembre 1910; il reçut le 17 janvier 1911, communication d'une lettre de la direction des chemins de fer de l'Etat comfirmant ses intentions et les 31 mars, 25 avril et 24 octobre 1911, renouvela sa délibération du 27 avril 1909, qui avait demandé l'arrêt de tous les trains, jugea les améliorations accordées comme insuffisantes, en réclama l'extension et protesta contre les retards fréquents dont souffrent les nombreux voyageurs de Nanterre qui, chaque jour, se rendent à Paris pour leur travail ou leurs affaires.

La Municipalité, de son côté, insista à différentes reprises pour que satisfaction fût donnée aux légitimes revendications de la population et transmit à M. le Ministre des Travaux Publics les vœux émis par le Conseil Municipal.

Postes — Télégraphes — Téléphone

D'une façon générale, le Conseil a demandé l'amélioration du service des distributions des courriers.

De nouveaux postes de facteurs ont été créés et le service s'effectue dans des conditions satisfaisantes.

Les vœux suivants ont été transmis à l'Administration des Postes et Télégraphes :

Séance du 31 *août* 1909. — Augmentation de la durée de fonctionnement des services télégraphique et téléphonique.

Séance du 9 *février* 1910. — Nouvelle installation du bureau de poste.

A ce sujet, des pourparlers ont été engagés par l'Administration des Postes, qui a reconnu la mauvaise installation actuelle, et la Municipalité, en vue de la construction d'un hôtel des postes sur un terrain formant le fond de la place de la Fête. Les négociations continuent avec le propriétaire de ce terrain, auquel il a été demandé notamment (ce qui vient d'être accepté) l'abandon d'une certaine profondeur devant permettre, en partie, l'établissement d'une rue qui, passant sur l'emplacement actuel de la remise du matériel du marché, relierait la rue du Marché à la rue Castel-Marly. Le nouvel hôtel des postes pourrait alors être construit, en bordure de cette voie, face à la place et dans son axe, mais le Conseil a donné un avis défavorable à une demande ayant pour objet d'édifier cette construction avec accès sur la rue Castel-Marly (1).

Séance du 27 *févier* 1911. — Extension à toutes les Communes de la Seine, du service des pneumatiques.

Séance du 30 *septembre* 1911. — Distribution gratuite des télégrammes à tous les habitants dont les demeures sont comprises dans le périmètre de l'agglomération.

Extension à Nanterre, du service des cartes pneumatiques.

Le Conseil a obtenu la concession de boîtes aux lettres de quartier sur les points suivants :

(1) Au dernier moment le propriétaire a abandonné son projet.

Avenue de la République (près le pont de Rouen);
Rue des Sorins;
Rue des Fontaines;
Rue Paul-Bert.

Le 30 mai 1911, le Conseil a demandé l'installation de boîtes aux lettres dans les voitures motrices du tramway de Paris à Saint-Germain; satisfaction a été donnée à cette demande.

Enfin, dans sa séance du 28 décembre 1911, le Conseil dans un but de sécurité publique, a voté les crédits nécessaires à l'installation d'un poste central, relié directement au réseau de Paris, pour la permanence du service téléphonique de nuit.

L'organisation définitive de ce nouveau service peut donc être considérée comme prochaine.

Eaux

1° *Instance*

L'instance avec la Compagnie des Eaux est toujours pendante.

Conformément à un arrêt du Conseil d'Etat en date du 14 février 1908, et par arrêté du 27 mars 1909, le Conseil de Préfecture avait décidé qu'il serait, par trois experts, procédé en présence des parties, à une expertise ayant pour objet un nouvel établissement des comptes.

La Compagnie des Eaux, estimant qu'il y avait lieu notamment de déterminer les bases de l'expertise contrairement à l'avis du Conseil de Préfecture qui avait écarté cette méthode laissant aux experts le soin d'établir leurs conclusions, déféra au Conseil d'Etat l'arrêté du 27 mars 1909.

Aucune décision n'est encore intervenue.

L'instance a été introduite par la Commune le 4 juillet 1903.

2° *Installations*

En dehors des bouches d'incendie (voir la rubrique service d'incendie), il a été procédé à l'installation de bouches d'eau sur les points suivants :

Rue du Docteur Foucault (angle rue Silvy).
Route de Charles X.
Rue Béranger (angle boulevard de la Seine).
Avenue de la République (au delà du pont).
Rue des Bas-Rogers.
Rue Victor Hugo (angle rue de Colombes).
Rue Becquet (à poser).
Boulevard National (angle rue de la Croix).
Rue de Colombes.
Installation d'une borne fontaine rue de Sartrouville.

GAZ

Le réseau d'éclairage a été étendu.

Il a été procédé à l'installation de 20 becs de gaz, répartis dans les voies ci-après :

Rue de Sartrouville.
Route de Chatou.
Rue Chanzy.
Rue Michelet.
Rue de Courbevoie.
Boulevard du Couchant.
Rue des Sorins.
Rue Franklin.
Rue du Bois.
Boulevard Thiers.
Rue du Tir.
Chemin des Moellonniers.
Rue Lannes (à poser).
Boulevard de la Seine.
Rue Lamartine (à poser).

Le prix de la consommation qui était de 0,22 en 1908 a été ramené, par suite de l'importance de la consommation, à 0,21 le mètre cube.

De nouvelles canalisations ont été posées dans des quartiers qui étaient jusqu'alors dépourvus de ce mode d'éclairage.

ÉLECTRICITÉ

La concession de la distribution de l'énergie électrique à Nanterre, avait été transférée à la Compagnie Générale de Lumière et Traction et le traité de cette concession dont le point de départ remonte à 1899, devait expirer le 30 juin 1935.

Le 21 avril 1909, cette Compagnie demandait à céder sa concession à la Compagnie de l'Ouest-Parisien (Ouest-Lumière) et aussitôt le Conseil municipal chargea sa commission du contentieux de rechercher les améliorations que la Commune pourrait obtenir à l'ocasion de cette substitution.

Le 14 janvier 1910, après accord intervenu avec la Compagnie Ouest-Lumière, le Conseil approuvait le projet de substitution, avec une prorogation de cinq années aux conditions suivantes :

1° Abaissement du prix du courant lumière de 0,075 à 0,07 l'HWH et tarif dégressif jusqu'à 0,06, suivant l'importance de la consommation.

2° Abaissement des tarifs de location de compteurs et branchements.

3° Diminution de l'avance sur consommation et de la garantie.

4° Redevances de 2 % et ½ % sur les recettes brutes de vente de courant lumière et force, dépassant les chiffres des recettes réalisées en 1908.

M. le Préfet de la Seine n'approuva pas cette décision, estimant que les modifications apportées rendaient indispensable l'application des dispositions de la Loi du 15 juin 1906, sur les distributions d'énergie électrique.

L'affaire fut donc entièrement reprise et étudiée à nouveau et, après de très longues discussions avec la Compagnie Ouest-Lumière, l'accord intervint sur les bases suivantes :

Prorogation de huit années.

Fixation à 0,04 du prix du courant force, avec tarif dégressif jusqu'à 0,025 l'HWH.

Abaissement des tarifs courant lumière de 0,075 l'HWH à 0,07, 0,065 et 0,06 suivant l'importance de la consommation.

Abaissement des prix de location de compteurs et branchements.

Diminution de la garantie de consommation pour les lignes nouvelles sur les points canalisés.

Diminution de l'avance sur consommation qui passe de 15 francs à 5 francs par HW de puissance de compteur.

Redevances de 3 % sur l'ensemble des recettes brutes courant lumière et 1 % sur l'ensemble des recettes brutes, courant force.

Engagement de faire bénéficier les abonnés des tarifs de faveur qui seront consentis à d'autres abonnés placés dans les mêmes conditions de consommation, de puissance, d'horaire.

Le monopole courant force disparaît

Le monopole des installations intérieures disparaît.

Le monopole courant lumière reste fixé au 30 juin 1919.

L'exonération des droits d'octroi disparaît.

Le nouveau cahier des charges prévoit diverses pénalités non prévues au traité en cours, oblige le concessionnaire à verser un cautionnement en garantie de l'exécution des clauses et met à sa charge les frais de contrôle, par application de la Loi du 15 juin 1906.

Enfin certains autres avantages énumérés dans la lettre de la Compagnie en date du 23 octobre 1911 seront publiés après l'approbation, par M. le Préfet, du traité ainsi modifié et tel qu'il a été adopté par le Conseil municipal, dans sa séance du 24 octobre 1911.

Séance du 31 mai 1910. — Création du service de contrôle des distributions d'énergie électrique.

Séance du 8 juillet 1910. — Protestation contre un projet d'installation d'un poste de transformateur sur le rond-point de la place de la Boule.

Séance du 30 août 1910. — Fixation des frais de contrôle des distributions d'énergie électrique (à la charge des Compagnies).

TRAVAUX DE GROSSES RÉPARATIONS

(en dehors des travaux d'entretien)

Reconstruction des murs du cimetière.

Surélévation d'une partie du mur de l'ancien cimetière.

Construction d'un calorifère pour le chauffage de la salle des mariages et de la salle des fêtes, où il n'existait aucun mode de chauffage.

Extension du mode de chauffage à basse pression à l'école des garçons du centre.

Amélioration des installations du stand.

Modifications intérieures pour les services de la Mairie (bureaux administratifs, recette municipale, voirie).

Construction de cloisons et aménagement de classes provisoires au groupe scolaire du Petit Nanterre et à l'école des filles du centre.

Réfection du clocher (sur un don particulier).

LOCATION D'IMMEUBLES COMMUNAUX

1° Location du presbytère à M. l'abbé Meuret, curé de Nanterre. Durée du bail 12 années. Prix de location 200 francs, plus les charges.

En raison de la modicité du prix de location, tous les travaux de restauration de l'immeuble ont été mis à la charge de M. l'abbé Meuret; le procès-verbal de constatation, annexé au bail, fait ressortir le montant des travaux à 11.000 francs.

2° Location au patronage laïque d'un terrain communal (avec hangar), rue du Gymnase (en projet).

Durée du bail : 9 années. Prix de location 80 francs.

(Tous les travaux à la charge du patronage laïque.)

La commune s'est réservé le droit de résiliation au cas où des besoins publics, nécessités par l'intérêt général, la mettrait dans l'obligation d'occuper cet immeuble.

3° Renouvellement à M. Courty, d'une location de 15 mètres carrés environ, rue Rigault, par emprise sur le square de la Gare.

Durée du bail : 3, 6 ou 9 années. Prix de location : 300 fr.

La commune s'est réservé le droit de résilitaion au cas où elle aliénerait le square ou dans l'hypothèse de l'exécution de travaux.

4° Location à la Société coopérative « La Ruche » de l'ancien immeuble du Bureau de bienfaisance, rue de l'Eglise.

Location à l'année. Prix de location : 150 francs.

5° La commune est propriétaire, 28, rue Thomas-Lemaître d'un immeuble qui n'était pas loué depuis le 1er janvier 1908.

La maison n'était pas en état de location, les frais de restauration pouvant nécessiter une dépense importante.

Le Conseil municipal n'a pu se résoudre à engager une grosse dépense qui eût forcément appelé une location de longue durée.

Or, cet immeuble est contigu à l'école des filles du centre, dont le préau est supprimé par suite de l'installation de classes provisoires; un agrandissement indispensable est prochain et ne peut se faire, si une autre solution n'intervient pas, qu'à l'aide d'une emprise dans la propriété communale.

Cette maison a d'ailleurs été occupée par plusieurs familles de sinistrés (inondations de 1910) et l'un des ménages recueillis y a reçu l'hospitalité pendant un an.

Elle vient de faire l'objet d'une location pour deux années moyennant un loyer annuel de 900 francs, le locataire prenant à sa charge toutes les réparations et la commune se réservant la faculté d'une emprise en cas de besoin.

MARCHÉ

L'exploitation du marché a été concédée pour dix années, à partir du 1er mai 1903, par adjudication publique, moyennant une redevance annuelle de 11.020 francs, encaissée par la commune.

Le 26 novembre 1909, le Conseil, dans le but de créer un supplément de redevance, augmenta le tarif des droits de places d'environ 30 % et obtint que le montant de la nouvelle redevance fût fixé à 15.520 francs, soit une augmentation de 4.500 francs, représentant environ 40 %, et ce sans aucune prorogation du durée.

De plus, il obligea le concessionnaire à établir une quatrième allée, et l'autorisa à prolonger les trois premières jusqu'à la rue du Marché.

Lors de l'expiration du bail actuel, le 1er mai 1913, la commune pourra donc concéder, sans qu'il ne lui en ait rien coûté, un emplacement plus grand que celui mis à la disposition du concessionnaire actuel, en 1903.

ACQUISITION DU SQUARE DE LA GARE

Par délibération du Conseil municipal du 9 février 1910, la commune a définitivement réalisé l'acquisition du square de la Gare.

Le montant du prix de vente, 40.000 francs, a été versé dans les Caisses de l'administration des chemins de fer de l'État.

SUPPRESSION DE LA PRESTATION RURALE

La réforme qu'il était possible d'apporter dans le régime financier de la commune, votée par le Conseil municipal le 25 juin 1909, a été incorporée dans le budget primitif de 1910 : il s'agissait de la suppression de la journée de prestation rurale et de son remplacement par trois centimes additionnels au principal des quatre contributions directes.

Cette réforme a eu pour résultat de diminuer la quotité de l'impôt supporté *par un certain nombre de contribuables* et de répartir la charge du remplacement *sur tous les contribuables sans exception*, imposés aux quatre contributions.

Les bénéficiaires de cette mesure ont été surtout les petits contribuables dont l'imposition est faible et qui n'ont eu à supporter que quelques centimes en remplacement d'un impôt de deux francs.

La réforme sus-exposée pouvait être complétée par la suppression des prestations vicinales, mais il a paru au Conseil que pareille décision ne saurait être prise dans l'état actuel du système financier, le produit de ces prestations, qui atteint 22.000 francs, ne pouvant être remplacé, dans la situation présente, que par une taxe vicinale représentant un minimum de 15 centimes additionnels nouveaux, et aucune autre taxe que celles existantes *ne pouvant*, légalement, être imposée à Nanterre.

TAXE DE BALAYAGE

La taxe de balayage, dont la perception a été autorisée à Nanterre par décret du 2 avril 1906, a été prorogée pour une nouvelle période de cinq années, à compter du 1er janvier 1911.

Une 4e zone a été créée à partir de cette date et comprend plusieurs parties de voies non imposées alors et différentes portions d'autres voies précédemment imposées à un tarif plus élevé, dans une zone supérieure.

SUBVENTIONS OBTENUES PAR LA COMMUNE

Du département :		
Pour la viabilité de la rue des Venets..........	16.300	»
— du boulevard Thiers	34.600	»
— de la rue de l'Eglise..........	1.500	»
Pour l'agrandissement des écoles du Plateau.....	20.000	»
De l'Etat :		
Pour l'agrandissement des écoles du Plateau.....	31.145	»
De l'Union des Gaz :		
Pour la viabilité du boulevard Thiers..........	30.000	»
Total des subventions extraordinaires obtenues...	133.545	»

En dehors des subventions ordinaires obtenues chaque année pour le service d'incendie (350 francs), les secours de loyer (200 francs), les différents services de l'Enseignement (5.000 francs), la commune a obtenu du Conseil général, une nouvelle subvention de 1.000 francs, pour les frais de scolarité relatifs à la Maison départementale et qui vient s'ajouter à une subvention de 1.500 francs allouée depuis plusieurs années, à raison des frais d'administration que supporte la commune du fait de cet établissement.

EMPRUNTS POUR TRAVAUX ET OPÉRATIONS D'INTÉRÊT GÉNÉRAL

Le Conseil a voté :

1° Dans sa séance du 9 février 1910, un emprunt de 40.000 fr. pour l'acquisition du square de la Gare.

2° Dans sa séance du 3 novembre 1910, un emprunt de 140.000 francs pour le solde des travaux scolaires exécutés en 1907, le rachat du chemin des Moëllonniers, l'acquisition d'immeubles pour alignement de voies publiques, la viabilité de la rue des Venets, du boulevard Thiers (1re partie), de la rue de l'Eglise, de la rue de Colombes et le règlement de l'instance Valez, engagée il y a près de 8 ans.

3° Dans sa séance du 1er août 1911, un emprunt de 95.000 fr., pour l'agrandissement du groupe scolaire du Plateau, la viabilité du boulevard Thiers (2e partie) et la participation communale dans les travaux de couverture de la rigole de l'avenue Jules-Quentin.

Les emprunts votés s'élèvent donc à 275.000 francs alors que les travaux ou opérations diverses qu'ils concernent se chiffrent, en prévision, par 504.944 fr. 06, la différence 229.944,06 étant couverte comme suit :

Imposition communale	Fr.	399 06
Subvention de l'Etat		31.145 »
Subvention du département		72.400 »
Participation du département dans les travaux de l'avenue Jules-Quentin		96.000 »
Subventions particulières		30.000 »
Total égal		229.944 06

(Voir détail au tableau annexe n° 3.)

Le capital à rembourser sur les emprunts définitivement réalisés était, au 1er janvier 1908, de 514.010 fr. 77, soit une dette par habitant de 39 fr. 70.

Au 1er janvier 1912, le capital des emprunts entièrement réalisés (en dehors de l'emprunt de 95.000 francs dont le montant ne sera encaissé que dans le courant de l'année), était de 643.667 fr. 11, soit une dette par habitant, de 38 fr. 60.

Ces différentes ressources ont été constituées sans aucune charge nouvelle pour les contribuables, c'est-à-dire sans impôts nouveaux.

(Voir le détail des impositions au tableau annexe nº 1).

Il est donc établi indiscutablement que, tout en faisant face aux charges ordinaires et permanentes, le Conseil municipal a réalisé un programme de travaux extraordinaires, dont le détail vient d'être donné, et cela sans supplément de charges d'aucune sorte.

DÉLIBÉRATIONS DIVERSES

9 mai 1908. — Vœu en faveur des dégrèvements proportionnels au nombre d'enfants.

11 juillet 1908. — Réglementation de l'occupation des locaux communaux et fixation de tarif.

8 janvier 1909. — Vœu en faveur de l'autonomie communale dans l'établissement des taxes municipales.

6 février 1909. — Vœu pour que les scrutins relatifs aux élections consulaires soient ouverts dans toutes les mairies.

8 mai 1909. — Protestation contre l'augmentation constante des dépenses de police mises à la charge de la commune.

31 août 1909. — Vœu en faveur de la modification du système de répartement.

6 novembre 1909. — Vote d'un règlement pour la sécurité aux abords des carrières.

14 janvier 1910. — Protestation contre la réduction du taux d'intérêt des fonds communaux placés au trésor public.

31 mai 1910. — Vœu pour la sécurité des voyageurs dans les trains.

31 mai 1910. — Protestation contre l'exagération des dépenses des services d'hygiène.

31 mai 1910. — Vœu pour la liquidation rapide des actions relatives aux accidents du travail.

31 mars 1911. — Rejet d'une proposition de sectionnement électoral.

8 juillet 1910. — Réduction à 250 mètres du périmètre d'interdiction des débits de boissons.

1er août 1911. — Vœu pour que l'application des lois sociales soit à la charge de l'Etat.

29 décembre 1911. — Assurance des archives communales.

9 février 1912. — Vœu en faveur de la création d'un sanatorium pour les tuberculeux.

POPULATION

Progression depuis 1901

Années de recensement	Population municipale	Population comptée à part	Population totale
1901	10.298	3.842	14.140
1906	12.946	4.488	17.434
1911	16.672	4.677	21.349

La population comptée à part comprend la Maison départementale, l'asile protestant des femmes infirmes et les élèves internes des établissements d'enseignement.

De 1901 à 1906, l'augmentation de la *population municipale* a été de 2.648, soit, en moyenne, par an : 530.

De 1906 à 1911, cette augmentation a été de 3.726, soit en moyenne, par an : 745.

VALEUR DU CENTIME COMMUNAL

En 1901, le centime communal (centime additionnel) avait une valeur de 1.020 fr. 56; le centime démographique (centime rapporté à la population) était de $\frac{1020.56}{10.298} = 0,99$.

En 1906, le centime communal était de 1.235 fr. 35 et le centime démographique de 0,95.

En 1911, le centime passe à 1.397 fr. 29, mais le centime démographique reste à 0.95.

Pour l'année 1906, année de dénombrement, la clôture définitive de l'exercice financier faisait ressortir une recette ordinaire totale de 323.603 29, soit par habitant : 25 francs.

Pour l'année 1911, année de dénombrement, la clôture définitive de l'exercice financier n'ayant lieu que le 31 mars 1912, le résultat ne peut encore être connu, mais les prévisions de recettes ordinaires chiffrées à 344.716 francs et ne paraissant pas devoir se réaliser à un chiffre sensiblement supérieur à 365.000 francs, ne ferait ressortir la recette qu'à une somme variant entre 21 fr. 50 et 22 fancs par habitant.

Il y a donc une diminution relative du produit, dans les recettes ordinaires de la commune, et cette situation n'a actuellement aucune chance de s'améliorer, le nouveau répartement de la contribution mobilière ayant eu pour effet de diminuer, pour 1912, la valeur du centime communal de 78 fr. 39, soit pour 131,82 une réduction supérieure à 10.000 francs.

LES TRAVAUX QUI S'IMPOSENT

Les travaux d'extrême urgence qui s'imposent sont ceux relatifs à l'enseignement, à la voirie, à l'assainissement.

1° Enseignement.

Actuellement :

Les écoles du Centre comptent	1.100 élèves pour	22 classes.
Les écoles du Plateau comptent	650 élèves pour	13 classes.
Les écoles du Pt-Nanterre comptent	300 élèves pour	6 classes.
Soit un total de.................	2.050 élèves pour	41 classes

soit une moyenne de 50 élèves par classe.

Il n'y aura plus de locaux disponibles dans les écoles à la rentrée prochaine même après les travaux qui vont être entrepris au Plateau et où le nombre des classes sera de 14, les préaux étant débarrassés des installations provisoires actuelles.

Il faut donc prévoir immédiatement :

1° La construction d'une école maternelle au Plateau.

2° La construction d'un groupe scolaire nouveau vers le centre du territoire de Nanterre.

3° La transformation des classes du groupe scolaire du Petit-Nanterre et, éventuellement, la construction d'une école maternelle et de logements pour les directeurs.

2° Voirie.

Il est de toute impossibilité de laisser plus longtemps sans viabilité les quartiers de la périphérie, notamment ceux du Plateau, des Fontenelles, des Sorins, de la Carrière-aux-Loups, de la Folie, du Cimetière, des Fondrières, du Petit-Nanterre, du Vieux-Pont des au-delà du chemin de fer et les rues ou chemins aboutissant aux voies en viabilité.

Les réclamations nombreuses et justifiées produites chaque jour n'ont pas laissé l'administration indifférente et elle reconnaît que cette situation ne peut durer.

Il faut donner à ces chemins un sol résistant et assurer l'écoulement des eaux; il faut permettre aux habitants nombreux de ces quartiers d'y circuler pendant l'hiver et d'y recevoir leurs fournisseurs.

3° Assainissement.

Mais la viabilité entraînera inévitablement la construction d'égouts.

La rue de Courbevoie, qui devra être mise en état définitif de viabilité, est appelée à recevoir un ouvrage d'assainissement qui, par la rue Victor-Hugo, conduira les eaux dans l'égout de l'avenue Jules-Quentin.

D'autres égouts et canalisations seront nécessaires dans les différents quartiers où des travaux de viabilité ont été entrepris.

Un autre travail sera exécuté et pour lequel la participation de la commune sera sans doute demandée.

Il s'agit de la suppression des passages à niveau, devant

précéder l'électrification de la ligne Paris-Saint-Germain et assurer enfin la facilité des relations entre les deux parties du territoire, séparées par la voie du chemin de fer.

Dans l'état actuel des finances communales, il ne faut songer à exécuter *aucun de ces travaux*.

D'autre part, l'avant-projet de budget primitif pour 1913, que l'administration a fait établir en tenant compte des charges nouvelles auxquelles *il devra être fait face*, fait ressortir une surcharge probable de 20 centimes additionnels.

A quoi s'appliquent ces dépenses nouvelles?

Pour les 9/10 à des dépenses obligatoires, et voici lesquelles :

Augmentation du taux des indemnités de résidence par suite du classement de la commune dans une série supérieure, classement nouveau, obligatoirement légal, *en raison de l'augmentation de la population*.

Augmentation du crédit ouvert pour indemnités de logement, en raison de la reconnaissance de nouveaux postes, jusqu'ici occupés par des suppléants communaux.

Par suite du nombre toujours croissant des élèves et de la création de nouvelles classes, augmentation des crédits ci-après :

Achat de fournitures et livres classiques.

Achat et entretien du matériel.

Chauffage et éclairage.

Subvention à la Caisse des Ecoles.

Frais d'externat dans les écoles supérieures.

En résumé les dépenses supplémentaires de l'Enseignement doivent être estimées au minimum, pour 1913, à 19.000 francs.

Les dépenses de police, d'hygiène, d'assistance obligatoire, de traitement des malades dans les hôpitaux, des enfants assistés et des aliénés doivent être prévues pour un chiffre supérieur d'environ 6.000 francs aux crédits actuels.

Les salaires du petit personnel doivent être améliorés et un supplément de 3.000 francs sera à peine suffisant pour donner aux plus modestes agents une légitime satisfaction.

Le curage des égouts, l'éclairage des voies publiques, l'amélioration du matériel d'incendie, l'installation d'un poste devant assurer la permanence du service téléphonique de nuit nécessiteront des augmentations de crédits.

Par suite des récentes adjudications, l'entretien des voies publiques, l'enlèvement des ordures ménagères, la location d'attelages pour l'arrosage, le lavage et le balayage des voies publiques coûteront au bas mot, 2.000 francs de plus.

Aucune réduction sur les crédits budgétaires n'est possible.

En effet, sur quoi pourraient porter des économies, quand depuis plusieurs années les crédits deviennent insuffisants pour assurer la marche normale du pays.

Peut-on faire des économies sur :

1° Les traitements?

Nous pensons que la question ne doit pas même se poser.

2° Sur les travaux d'entretien des voies publiques et des bâtiments communaux?

Ces crédits sont insuffisants et les voies rurales notamment disposent de moins de 6.000 francs pour plus de 50 kilomètres de chemins.

Les bâtiments communaux sont près de souffrir d'un entretien insuffisant ou tout au moins quelquefois retardé, faute de fonds.

3° L'enseignement, l'assistance, l'eau, l'éclairage?

Personne ne songe à faire des économies sur ces chapitres, bien insuffisamment dotés.

4° Les frais de police, les dépenses des aliénés, des enfants assistés, traitement de malades, dépense d'hygiène?

La commune n'est pas maîtresse de ces dépenses fixées chaque année par arrêtés préfectoraux, au titre de contingents ou participation de la commune dans les dépenses sus-indiquées.

5° Les dépenses de salubrité et de propreté (enlèvement des ordures, balayages, arrosages, etc...)?

Le montant de ces dépenses est fixé par des prix d'adjudication.

Que reste-t-il en dehors de ces chapitres :

Les subventions aux œuvres et sociétés locales et les fêtes publiques.

Les premières ne peuvent être diminuées et l'administration ne se résoudra jamais à en faire la proposition; quant aux fêtes publiques, il suffira de dire que leur dotation a été réduite de 30 % depuis 7 ans; il ne paraît pas possible de faire plus.

CONCLUSIONS

Le Conseil municipal a été élu en 1908, sur un programme qui comportait l'engagement de ne créer ni impôts nouveaux, ni octroi.

Cet engagement a été tenu rigoureusement.

Le Conseil a géré les affaires de la commune avec les ressources existantes et l'exposé qui précède indique exactement ce qu'il a fait.

Il a exécuté les grandes parties du programme sur lequel il a été élu et réalisé, dans toute la mesure où les finances communales le permettaient, les promesses qu'il avait faites.

En terminant, l'administration municipale tient à lui rendre ce témoignage et à adresser à ses membres, l'expression de son affectueuse gratitude pour la collaboration utile et dévouée qu'ils lui ont apportée.

C'est grâce à cette collaboration que la municipalité a pu assurer l'exécution d'une œuvre que tous eussent désiré plus prospère, mais que la situation financière de la commune n'a pas permis d'étendre.

Le développement d'une ville est intimement lié à ses facultés budgétaires, à son organisation, à son hygiène, à sa voirie, au développement de ses services d'enseignement et de sécurité.

Ce mécanisme est bien prêt de ne plus pouvoir fonctionner régulièrement; il faut avoir le courage de le dire :

Nanterre ne peut plus vivre avec ses ressources actuelles : ou il faudra imposer de nouveaux centimes additionnels, ou il faudra avoir recours à d'autres moyens de se procurer de nouvelles ressources : l'octroi, ou à défaut, des taxes de remplacement.

Ce qu'il y a de bien certain et ce que la consciencieuse expérience que nous venons de faire pendant notre gestion nous permet d'affirmer, c'est qu'il est impossible de continuer à suivre le système pratiqué depuis de longues années; c'est-à-dire gérer la commune, au moyen des seules ressources qu'elle possède actuellement.

Il faut donc absolument modifier notre système financier et si, pour faire face à tous les besoins qu'il faut satisfaire, on comptait uniquement sur l'augmentation des centimes additionnels, on arriverait infailliblement à mettre Nanterre par rapport aux communes voisines, dans un état d'infériorité tel, qu'on renoncerait à venir l'habiter et sa prospérité se trouverait atteinte dans des proportions considérables.

Il est donc indispensable que les travaux importants et urgents à prévoir dans la périphérie soient rendus possibles sans recourir à l'augmentation de l'impôt direct et la question ne peut être résolue que par la céation de taxes spéciales n'atteignant pas les objets de première nécessité, mais pour obtenir l'autorisation d'appliquer ces taxes, il faut d'abord admettre le principe de l'octroi.

C'est, à notre avis, le seul moyen de trouver les ressources suffisantes pour mettre Nanterre en état de lutter avec toutes les communes voisines qui bénéficient de cet impôt.

Nanterre, le 16 avril 1912.

Le Maire,

Les Adjoints, Officier de la Légion d'honneur

J. DURAND, E. DESCARTES. CHARDON.

TABLEAU ANNEXE N° 1

RECETTES COMMUNALES

PRÉVISION DU PRODUIT des impositions et autres revenus permanents (d'après les Budgets Primitifs)

BUDGETS	Valeur du Centime		Nombre de centimes ordinaires		Nombre de Centimes extraordinaires sur les quatre contributions	TOTAL des Centimes	Journées de Prestation	PRODUIT ÉVALUATIF des		Autres Revenus Ordinaires	TOTAL des Recettes Ordinaires	PRODUIT des Centimes Extraordinaires	(1) TOTAL GÉNÉRAL des Recettes Ordinaires et Extraordinaires	OBSERVATIONS
	sur contribution foncière et mobilière	sur les quatre contributions	sur contribution foncière et mobilière	sur les quatre contributions				Centimes Ordinaires	Prestations					
			Centimes	Centimes	Cent.	Centimes								
1904	649 50	1095 80	5	93 97	29 10	128 07	4	106.164 57	23.400 »	89.243 96	218.808 53	31.867 72	250.676 25	
1906	738 73	1235 35	5	93 82	30 »	128 82	4	119.587 18	24.000 »	133.978 45	277.565 63	37.018 83	314.584 46	
1908	812 76	1391 34	5	94 78	29 04	128 82	4	135.932 67	24.800 »	138.341 38	299.074 05	40.364 44	339.438 49	
1909	838 35	1435 49	5	94 65	29 17	128 82	4	140.053 64	25.200 »	157.884 26	323.137 90	41.843 34	364.981 24	
1910	880 43	1547 81	5	96 10	30 72	131 82	3(2)	153.140 »	19.500 »	159.071 »	331.711 »	47.864 44	379.575 44	
1911	903 11	1597 29	5	96 27	30 55	131 82	3	158.295 »	20.000 »	166.421 »	341.716 »	44.765 77	389.481 77	
1912	924 63	1633 21	5	95 98	30 84	31 82	3	161.380 »	20.500 »	172.726 »	354.606 »	49.900 86	404.506 86	

(1) Dans ce total ne sont comprises que les prévisions de recettes extraordinaires provenant de l'imposition de centimes pour le gage des emprunts ou d'Opérations déterminées.

(2) La journée de prestations rurales, comprise dans les budgets antérieurs et produisant pour la dernière année, de l'imposition 6.300 fr. a été remplacée par 3 centimes additionnels au principal des 4 contributions directes, avec un produit moindre.

TABLEAU ANNEXE N° 2

DÉPENSES

Ordinaires et Permanentes faites pendant les années 1904-1906-1908-1909-1910-1911

Nature des Dépenses	1904	1906	1908	1909	1910	1911
Personnel de la Mairie (Employés et Garçon de Bureau	12,502 86	14.557 47	14.934 52	16.370 73	17.000 88	17.351 69
Chauffage, Eclairage de la Mairie, Frais de Registres de l'état-civil, abonnement à des publications officielles et administratives, frais de bureaux	5.650 62	5.825 46	6.472 87	5.117 36	6.054 78	6.649 25
Dépenses de police suburbaine et municipale	18.615 »	18.806 67	23.964 »	26.460 »	26.328 99	26.890 »
Assurance du personnel communal contre les accidents du travail et gratifications	980 »	1.733 70	1.921 20	2.183 77	2.442 27	2.432 82
Voirie urbaine et rurale	28.629 69	29.793 18	45.173 04	54.467 24	46.819 62	45.169 18
Voirie vicinale ordinaire et départementale	35.394 95	26.408 68	31.982 87	32.722 57	33.733 84	33.584 01
Acquisitions de terrains (voies rurales et vicinales)	934 20	5.414 27	6.711 91	2.747 56	4.789 48	1.085 37
Entretien des promenades	2.990 84	3.108 43	3.614 16	3.736 95	3.494 33	1.303 87
Entretien des bâtiments communaux, contributions, assurance des propriétés contre l'incendie	6.610 75	8.332 33	5.783 52	7.000 36	9.089 04	8.858 42
Eau de Seine, eau de source, gaz, électricité	20.889 71	24.576 53	27.357 19	23.371 20	23.002 56	25.093 30
Service des contributions et taxes municipales et frais de perception	4.221 82	5.151 43	4.942 26	5.277 67	5.834 31	6.546 09
Enseignement (Personnel)	33.164 67	36.432 65	41.588 36	44.667 68	46.639 97	51.256 48
— (Matériel, frais d'externat, Caisse des Ecoles)	12.256 66	14.159 66	15.181 62	14.910 86	15.580 52	15.678 02
— (Entretien, chauffage et éclairage des établissements scolaires	14.848 64	9.668 23	17.007 68	14.666 84	12.329 18	12.116 71
Cimetières et pompes funèbres (Salaire du personnel et entretien).	2.239 23	3.416 67	7.439 53	13.964 92	11.856 95	13.214 53
Service d'incendie	2.534 55	2.896 10	1.710 69	2.031 65	2.029 97	2.608 51
Legs Lemaître (achat de rentes)	3.375 85	3.394 65	6.575 33	6.557 79	5.984 39	5.163 38
Assistance	25.393 29	27.506 96	38.340 12	43.095 87	48.950 92	46.627 20
Hygiène et Salubrité	11.185 »	14.720 72	23.044 40	25.918 69	23.255 25	26.229 67
Subventions aux Sociétés	3.640 »	4.460 »	4.565 »	4.542 »	4.510 »	2.980 »
Fêtes publiques	6.673 92	6.275 26	5.037 82	5.291 87	5.037 09	5.12[illegible]
Dépenses diverses	2.822 23	4.682 51	3.922 57	5.149 91	5.393 59	9.274 29
	255.554 48	271.321 56	337.270 66	360.253 49	359.607 93	367.238 28

(*) Les dépenses d'assistance obligatoire de 1911 ne sont pas fixées ; la somme à payer sera d'environ 3000 fr. qui s'ajoutera à celle de 46.627 20 indiquée pour les dépenses d'assistance.

TABLEAU-ANNEXE N° 3

EMPRUNTS contractés depuis 1908

DATE DES EMPRUNTS	MONTANT DES EMPRUNTS	OPÉRATIONS	PART DE LA COMMUNE	SUBVENTION DE L'ÉTAT	SUBVENTIONS DU Département	SUBVENTIONS Particulières	TOTAL	OBSERVATIONS
8 Février 1910	40.000 »	Acquisition du Square de la Gare	40.000 »				40.000 »	
8 Nov. 1910	140.000 »	Solde des travaux d'agrandissement des Groupes scolaires	9.305 21				9.305 21	
		Rachat du Chemin des Moellonniers	11.000 »				11.000 »	
		Acquisition d'immeubles pour alignement des Voies publiques	12.913 07				12.913 07	
		Viabilité rue des Venets	32.700 »		16.300 »		49.000 »	
		— Bd Thiers (1re partie)	18.366 67		18.300 »	18333 33	55.000 »	
		— rue de l'Eglise	17.931 »		1.500 »		19.431 »	
		— rue de Colombes	11.832 »				11.832 »	
		Règlement affaire Valez, honoraires, frais, intérêts sur acquisitions d'immeubles	25.952 05				25.952 05	
17 Août 1910	95.000 »	Agrandissement du groupe scolaire du Plateau	50.365 73	31.145 »	20.000 »		101.510 73	
Total	275.000 »	Couverture de la rigole de l'avenue Jules Quentin	24.000 «		(Voir observat.)		24.000 »	Le montant du travail est de 120.000 fr. Il sera exécuté partie départe-ment [illegible]
		Viabilité Bd Thiers (2e partie)	20.634 27		16.300 »	11666 67	49.000 »	
Fonds spéciaux	399 06	Fonds spéciaux	399 06					
[illegible]	275.399 06		275.399 06	31.145 »	72.400 »	30000 »	408.944 06	504.944 06
		Participation du département pour la couverture de la rigole de l'avenue Jules Quentin					96.000 »	

www.ingramcontent.com/pod-product-compliance
Ingram Content Group UK Ltd.
Pitfield, Milton Keynes, MK11 3LW, UK
UKHW022140260726
13993UKWH00005B/2054

9 782019 915810